Le Love Bombing : Entre Illusions et Manipulations

Harmonie J.

<u>Définition :</u>

Le love bombing (bombardement d'amour) est une technique de manipulation affective qui consiste à inonder une personne de démonstrations excessives d'amour, d'attention et de compliments afin de créer une dépendance émotionnelle.

À l'origine, ce terme était utilisé pour décrire une méthode employée par certaines sectes afin de séduire et fidéliser de nouveaux membres. Aujourd'hui, il est souvent associé aux relations amoureuses toxiques, où un individu cherche à prendre le contrôle de son partenaire en instaurant un attachement rapide et intense.

Le love bombing suit généralement un schéma en deux phases :

1. Idéalisation : La personne manipulatrice couvre sa cible d'affection, de cadeaux et de promesses extravagantes.

2. Dévalorisation et contrôle : Une fois la dépendance émotionnelle installée, elle devient distante, critique ou manipulatrice, poussant la victime à chercher à regagner son attention.

Ce comportement est souvent observé chez les personnalités narcissiques ou manipulatrices, qui utilisent cette stratégie pour prendre l'ascendant psychologique sur leur partenaire.

Chapitre 1 : Qu'est-ce que le Love Bombing ?

Définir le love bombing en explore les origines, en le situant dans son contexte historique et psychologique.

- Définition précise : Le love bombing consiste à inonder quelqu'un d'attention excessive et de démonstrations d'affection précoces dans le but de créer une dépendance émotionnelle.

- Origine du terme : Il a été initialement utilisé dans les mouvements sectaires pour séduire et enrôler de nouveaux membres, avant d'être observé dans des relations interpersonnelles.

- Pourquoi est-il efficace ? : Les êtres humains sont naturellement sensibles à l'amour et à l'attention. Lorsque ces éléments sont donnés en abondance, ils peuvent devenir addictifs et masquer toute perception de manipulation.

– Où le trouve-t-on ? : Il est particulièrement visible dans les relations amoureuses, mais peut aussi se manifester en amitié, dans le milieu professionnel et familial.

– Différence avec l'amour sincère : Contrairement à une affection saine et réciproque, le love bombing est une stratégie orchestrée qui vise à contrôler plutôt qu'à partager.

Dans ce premier chapitre, nous explorons les fondements du love bombing, une tactique de manipulation émotionnelle souvent confondue avec une démonstration d'amour sincère. Pour bien comprendre ce phénomène, il est essentiel d'en analyser la définition, ses origines et son fonctionnement.

1.1. Définition et caractéristiques

Le love bombing désigne une phase d'intense affection et d'attention exagérée au début d'une relation, destinée à séduire et à créer une dépendance émotionnelle chez la victime. La personne qui le pratique bombarde son partenaire de compliments, de cadeaux, de promesses et d'attentions excessives.

Cependant, cet amour excessif ne repose pas sur une base saine. Une fois l'attachement établi, le love bomber commence à retirer progressivement son affection, alternant moments d'adoration et de rejet, plongeant ainsi la victime dans une quête constante pour retrouver l'intensité du début de la relation.

<u>Signes typiques du love bombing :</u>

- Compliments excessifs et rapides ("Tu es la personne la plus parfaite que j'aie jamais rencontrée").

- Engagement précipité (parler de mariage ou d'un futur ensemble très tôt).

- Messages et contacts incessants, créant une dépendance émotionnelle.

- Cadeaux extravagants ou inattendus pour renforcer la connexion affective.

- Volonté d'isoler la victime des autres relations sociales pour monopoliser son attention.

1.2. Origines et contextes d'apparition

Bien que souvent observé dans les relations amoureuses, le love bombing trouve ses origines dans des pratiques sectaires.

Le love bombing dans les sectes
Dans les années 1970, le terme a été popularisé par des spécialistes de la manipulation mentale qui ont étudié les méthodes de recrutement des sectes comme l'Église de l'Unification (Moonisme). Les

groupes sectaires utilisaient des démonstrations intenses d'amour et d'acceptation pour séduire les nouveaux membres et les rendre dépendants émotionnellement du groupe.

Le love bombing dans les relations amoureuses
Avec le temps, cette technique s'est transposée aux relations sentimentales, notamment dans les dynamiques toxiques et les schémas narcissiques. Les individus présentant des traits narcissiques ou manipulateurs utilisent cette

stratégie pour établir leur emprise avant d'introduire des comportements de contrôle ou de rejet.

Le love bombing à l'ère du numérique
Aujourd'hui, les réseaux sociaux et les applications de rencontres ont amplifié ce phénomène. Des échanges excessifs et passionnés dès les premiers jours d'une relation en ligne peuvent masquer une tentative de manipulation affective. L'accès instantané à une communication constante

rend encore plus facile la mise
en place de cette technique.

1.3. Pourquoi cela fonctionne ?

Le love bombing exploite les vulnérabilités émotionnelles et les besoins humains fondamentaux en matière d'affection et d'acceptation.

Les raisons psychologiques derrière l'efficacité du love bombing

- Activation du circuit de récompense : Les démonstrations d'amour activent des neurotransmetteurs comme la dopamine et l'ocytocine, créant une sensation de bien-être et de connexion.

– Création d'un lien artificiel : La victime associe le bonheur à la présence du love bomber et devient dépendante de son attention.

– Difficulté à reconnaître la manipulation : L'affection étant généralement perçue comme positive, il est difficile de distinguer une démonstration sincère d'une manipulation orchestrée.

Les profils plus vulnérables au love bombing

Certaines personnes sont plus susceptibles de tomber dans le piège du love bombing :

- Les individus en quête d'amour ou d'attention, qui peuvent être attirés par l'intensité apparente du lien.

- Les personnes ayant vécu des relations instables, qui recherchent la sécurité émotionnelle dans une nouvelle relation.

-    Les   profils   empathiques, souvent plus enclins à donner sans se méfier des intentions de l'autre.

1.4. Love bombing ou amour sincère ? Comment différencier les deux ?

L'un des défis majeurs est de ne pas confondre le love bombing avec un amour véritablement passionné. Quelques critères permettent d'identifier une relation saine par rapport à une dynamique manipulatrice :

| Critères | Love Bombing | Relation saine | Rythme de la relation | Très rapide, engagement précipité | Progression naturelle et

mutuelle | Compliments et affection | Excessifs et souvent généralisés | Sincères et adaptés au moment | Équilibre du couple | Dépendance affective et besoin de validation | Respect mutuel et autonomie | Gestion des conflits | Retrait brutal ou critique soudaine | Communication ouverte et constructive | Contact et échanges | Présence constante, peu d'espace personnel | Moments de partage équilibrés |

<u>*Conclusion du chapitre :*</u>

Le love bombing, sous son apparente bienveillance, est en réalité une forme insidieuse de manipulation affective. Son objectif est d'instaurer une dépendance émotionnelle pour mieux contrôler la victime. Il est crucial d'apprendre à identifier ses signes et à prendre du recul avant de s'engager précipitamment dans une relation qui semble trop parfaite.

Ce premier chapitre donne les bases pour comprendre le phénomène, mais la suite du livre explorera en détail ses mécanismes psychologiques et ses conséquences.

Chapitre 2 : Les Mécanismes Psychologiques

Expliquer les dynamiques internes qui rendent le love bombing si puissant et difficile à détecter.

- Idéalisation excessive : Le manipulateur positionne sa victime comme une personne parfaite, alimentant un sentiment d'unicité et de connexion profonde.

– Création d'une dépendance affective : L'excès d'attention crée une sensation de bien-être dont la victime devient dépendante, cherchant à prolonger cet état artificiel.

– Manipulation émotionnelle : Le love bomber alterne entre des démonstrations d'amour intenses et des périodes de retrait ou de critiques subtiles, ce qui provoque de la confusion et un besoin accru de validation.

- Conditionnement psychologique : La victime apprend à associer le bonheur et la sécurité à la personne qui pratique le love bombing, réduisant peu à peu son autonomie émotionnelle.

- Pourquoi la victime ne voit pas la manipulation ? : L'excès de positivité initiale masque les véritables intentions, rendant difficile toute prise de conscience immédiate.

Dans ce chapitre, nous analysons en profondeur les processus psychologiques qui rendent le love bombing si puissant et destructeur. Derrière cette apparente effusion d'amour se cache une stratégie manipulatrice qui exploite les vulnérabilités émotionnelles pour instaurer une dépendance affective.

2.1. La dynamique de la manipulation affective

Le love bombing repose sur une exagération des démonstrations affectives, mais il s'agit d'une illusion soigneusement orchestrée pour créer un attachement rapide. Cette stratégie suit une progression en plusieurs étapes :

1. Phase d'intense idéalisation :

- Le manipulateur couvre sa cible d'attention et d'affection.

- La victime ressent une montée d'adrénaline émotionnelle et un sentiment de bonheur absolu.

- Cette intensité crée une illusion d'amour profond et immédiat.

2. Création de la dépendance :

- La victime commence à associer cette personne à son bien-être émotionnel.

- Elle devient accro aux démonstrations d'affection et cherche à les prolonger.

- Un conditionnement affectif s'opère, la rendant vulnérable à l'emprise psychologique.

3. Alternance amour-rejet :

- Une fois l'attachement établi, le love bomber réduit ses attentions.

- Il commence à devenir moins disponible, froid ou critique.

- La victime, confuse et en quête de validation, fait tout pour retrouver l'intensité du début.

4. Contrôle et manipulation :

- À ce stade, la personne manipulée se remet en question, se sent coupable ou inadéquate.

- Le love bomber alterne entre chaleur et distance pour maintenir l'ascendant émotionnel.

- La victime devient émotionnellement dépendante, ne sachant plus si elle est aimée ou rejetée.

2.2. <u>Les processus de dépendance émotionnelle</u>

Le love bombing joue sur des mécanismes psychologiques bien connus, notamment les circuits de récompense et de frustration.

L'activation du circuit de récompense
L'affection intense et les compliments déclenchent dans le cerveau une libération de dopamine, l'hormone du bonheur. Cela crée une sensation d'euphorie, rendant

la victime dépendante de cette gratification émotionnelle.

La peur de l'abandon et la quête de validation

Lorsque le love bomber commence à se retirer, il provoque une angoisse de séparation chez sa victime. Cette peur pousse la personne manipulée à faire des efforts disproportionnés pour regagner l'amour qu'elle croit avoir perdu.

La confusion cognitive et émotionnelle

L'alternance entre idéalisation et rejet crée un état de stress chronique et de doute profond.
La victime se demande :

- _Ai-je fait quelque chose de mal pour que l'attention disparaisse ?

- _Si j'essaie d'être plus aimant(e), retrouverai-je cette affection ?

Ce mécanisme fragilise son jugement et sa capacité à poser des limites saines.

2.3. <u>L'effet du love bombing sur l'identité et l'estime de soi</u>

À mesure que la victime s'enfonce dans la relation, elle commence à modifier son comportement pour correspondre aux attentes du love bomber. Cela peut entraîner :

- Une perte d'identité personnelle : la personne manipulée s'adapte pour plaire et éviter le rejet.

- Une baisse de l'estime de soi :
les critiques subtiles du love
bomber alimentent un
sentiment d'infériorité.

- Une difficulté à exprimer ses
besoins : la victime craint que
s'affirmer mène à une perte
d'affection.

Au final, la victime devient une
version altérée d'elle-même,
façonnée par les exigences et
les déséquilibres de la relation.

2.4. Pourquoi est-il si difficile de reconnaître le love bombing ?

Plusieurs facteurs rendent le love bombing difficile à identifier :

- L'intensité du début : l'expérience est tellement euphorisante qu'elle masque les signes de manipulation.

- Le conditionnement émotionnel : l'alternance amour-rejet brouille la perception de la victime.

- Le besoin de croire en l'histoire d'amour : personne ne veut admettre qu'une relation qui semblait parfaite est en réalité toxique.

- La peur d'être seul(e) : la victime hésite à partir, convaincue que l'amour peut être sauvé.

<u>*Conclusion du chapitre :*</u>

Le love bombing exploite des mécanismes psychologiques puissants, transformant une relation en une dynamique toxique de dépendance affective. Comprendre cette manipulation permet d'identifier les signaux et de reprendre le contrôle avant qu'elle ne devienne destructrice.

La suite du livre explorera les motivations des personnes qui pratiquent le love bombing et comment elles utilisent ces stratégies à leur avantage.

Chapitre 3 : Motivations et Intentions du Love Bomber

Explorer les raisons qui poussent une personne à utiliser cette tactique.

- Besoin de validation personnelle : Le love bomber cherche à renforcer son estime de soi par l'adoration et la dépendance émotionnelle de son partenaire.

- Volonté de contrôle :
Derrière l'apparence romantique se cache une volonté de dominer et d'influencer les pensées et comportements de l'autre.

- Trouble narcissique et insécurité profonde :
Certains love bombers présentent des traits narcissiques qui les poussent à maintenir leur emprise sur autrui pour éviter de ressentir un vide affectif.

– Manipulation consciente vs. inconsciente :
Certains individus utilisent le love bombing comme une tactique délibérée, tandis que d'autres adoptent ce comportement sans avoir pleinement conscience de son caractère destructeur.

– Exploitation émotionnelle : Dans certains cas, le love bombing peut être utilisé pour obtenir des avantages matériels, professionnels ou sociaux.

Ce chapitre explore les raisons qui poussent certaines personnes à utiliser le love bombing comme stratégie de manipulation émotionnelle. Contrairement à l'idée d'un amour sincère, le love bombing est souvent un outil conscient ou inconscient permettant de prendre le contrôle sur une relation et sur l'état émotionnel de l'autre.

3.1. Le besoin de validation et de pouvoir

Le love bomber n'agit pas toujours par pure malveillance, mais souvent par besoin profond de validation. Il cherche à se sentir désiré et admiré de manière intense et immédiate.

<u>Les motivations derrière ce besoin d'attention :</u>

- Un ego fragile : Le manipulateur veut être au centre de l'attention pour combler ses propres insécurités.

- Une peur de l'abandon : Il entretient un lien fort et rapide pour s'assurer que son partenaire ne le quitte pas.

- Une quête constante de réassurance : Il a besoin de sentir que l'autre personne est "accro" à lui pour renforcer son estime personnelle.

Mais cette validation artificielle pousse le love bomber à exiger toujours plus d'attention, rendant la relation déséquilibrée et oppressante.

3.2. L'intention de contrôler et manipuler

Dans certains cas, le love bomber agit de manière consciente dans une démarche manipulatrice.

Derrière ses démonstrations excessives d'amour, il cherche à prendre le contrôle de son partenaire en instaurant une dépendance émotionnelle.

<u>Comment le love bombing devient un outil de contrôle :</u>

- Créer une dette affective : "Je t'ai donné tant d'amour, tu me dois la même intensité en retour".

- Établir une emprise psychologique : Plus la victime devient dépendante, plus elle est facile à manipuler.

- Isoler la victime : Encourager subtilement l'éloignement des amis et de la famille pour devenir son seul repère émotionnel.

- Utiliser la culpabilité : Si la victime exprime des doutes ou prend du recul, elle est accusée de ne pas être assez investie.

Exemple concret : Une personne vous dit dès la première semaine qu'elle ne peut pas vivre sans vous, puis commence à montrer de l'irritation si vous ne répondez pas instantanément à ses messages.

3.3. Le lien avec les traits narcissiques et toxiques

Le love bombing est fréquemment pratiqué par les personnalités narcissiques et les personnes ayant des schémas comportementaux toxiques.

<u>Traits communs chez les love bombers narcissiques :</u>

- Besoin extrême d'admiration : Ils cherchent à se sentir adorés et indispensables.

- Manque d'empathie : Ils ne voient pas l'impact psychologique de leur comportement sur leur partenaire.

- Contrôle et manipulation : Ils testent jusqu'où ils peuvent influencer l'autre personne.

- Inconstance émotionnelle : Passer du "je t'aime plus que tout" à "tu ne me mérites pas" en quelques jours.

Ces caractéristiques expliquent pourquoi le cycle du love bombing est suivi d'une phase de dévalorisation.

3.4. Love bombing intentionnel vs. inconscient

Tous les love bombers ne sont pas des manipulateurs conscients. Certains reproduisent ce schéma sans s'en rendre compte, souvent à cause de traumatismes passés ou de comportements qu'ils ont eux-mêmes subis.

<u>Love bombing inconscient :</u>

- Une personne ayant peur de l'abandon peut adopter ce comportement par insécurité.

- Quelqu'un qui a connu des relations instables peut accélérer l'engagement par crainte de perdre l'autre.

- Une personne qui idéalise l'amour romantique peut inconsciemment utiliser le love bombing comme preuve de ses sentiments.

<u>Love bombing intentionnel :</u>

– Un manipulateur affectif sait qu'il contrôle l'autre en instaurant un attachement émotionnel rapide.

– Une personnalité narcissique peut valoriser et utiliser ce cycle pour renforcer son pouvoir dans la relation.

<u>*Conclusion du chapitre :*</u>

Le love bombing n'est pas une simple expression d'amour, mais une stratégie qui répond à des motivations profondes liées à l'insécurité, au narcissisme et au besoin de contrôle.

Que ce soit inconscient ou intentionnel, ce comportement empêche la construction d'une relation saine et équilibrée.

Dans le prochain chapitre, nous verrons comment identifier ces comportements et reconnaître les signaux d'alerte avant qu'il ne soit trop tard.

Chapitre 4 : Reconnaître le Love Bombing dans une Relation

Offrir des outils concrets pour identifier cette manipulation avant qu'elle ne s'installe.

- Signes précurseurs : Compliments excessifs, cadeaux disproportionnés, messages constants, déclarations d'amour rapides.

- Impatience dans la relation
:
Une personne qui pousse à
s'engager précocement
sans laisser le temps de
construire une relation
naturelle.

- Besoin excessif de
validation :
Le love bomber cherche
une réponse immédiate à
ses démonstrations
d'amour et peut devenir
insistant si l'attention de la
victime diminue.

- Alternance idéalisation-dévalorisation :

Après la phase initiale de séduction, il peut commencer à émettre des critiques subtiles ou à créer un climat d'incertitude.

- Isolement progressif : Encouragement à s'éloigner des proches pour « se concentrer sur la relation ».

– Présence envahissante : Attentes de réponses instantanées et incapacité à respecter les espaces individuels.

Ce chapitre est crucial car il permet d'identifier les signaux d'alerte qui indiquent qu'une personne tente d'exercer une emprise affective sur vous à travers le love bombing.

Apprendre à reconnaître ces signes dès le début d'une relation permet de se protéger et d'éviter de tomber dans une dynamique toxique.

4.1. Les signes précurseurs et comportements typiques

Le love bombing suit généralement un schéma précis. Voici les signes clés à repérer :

Déclarations d'amour excessives et prématurées

– La personne vous dit qu'elle n'a jamais ressenti cela pour quelqu'un d'autre, alors que vous vous connaissez à peine.

– Elle vous parle de destin, âme sœur, relation parfaite dès les premiers jours.

– Elle veut officialiser rapidement la relation et vous faire rencontrer ses proches immédiatement.

Cadeaux et attentions disproportionnées

– Des cadeaux coûteux ou nombreux qui ne correspondent pas encore au niveau de la relation.

- Une volonté de trop en faire, souvent sous prétexte que « vous méritez le meilleur ».

- Cela vous met mal à l'aise ou semble trop intense.

Contact constant et demande d'attention excessive

- La personne vous écrit ou vous appelle en permanence, attend des réponses immédiates.

- Elle s'inquiète si vous êtes indisponible quelques heures et peut même exprimer de l'agacement.

- Elle exprime rapidement des attentes émotionnelles fortes, comme « Tu es tout pour moi », « Ne me laisse pas tomber ».

<u>Un engagement précipité</u>

- Elle parle rapidement de mariage, vie commune, enfants, alors que vous êtes encore dans les débuts.

- Elle évoque des projets communs à long terme sans connaître vos aspirations personnelles.

- Elle insiste pour vous voir tous les jours, sans respecter votre espace personnel.

4.2. Le cycle idéalisation – dévalorisation

Le love bombing ne reste pas un état permanent. Une fois la dépendance affective créée, la personne commence à modifier son comportement pour renforcer son emprise.

Phase d'idéalisation

- Tout est parfait, magique. Vous êtes inondé(e) d'affection, de compliments et d'attentions.

- Elle vous fait vous sentir spécial(e) et unique, comme si vous étiez la personne qu'elle attendait depuis toujours.

- Elle cherche à construire un attachement fort et exclusif.

Phase de dévalorisation

- Une fois que l'attachement est installé, elle devient plus distante ou moins démonstrative.

- Elle commence à faire des remarques subtiles sur votre comportement, à vous critiquer indirectement.

- Vous ressentez de la confusion et cherchez à regagner son attention et son affection.

- Elle vous reproche d'être moins impliqué(e) ou sous-entend que « vous ne comprenez pas ce qu'est l'amour ».

Ce cycle est fait pour instaurer une dépendance où la victime tente constamment de retrouver la phase d'idéalisation.

4.3. L'impact sur la victime : perte d'objectivité et confusion émotionnelle

Une relation saine évolue naturellement, sans excès ni fluctuations brutales.
Avec le love bombing, la victime perd progressivement sa capacité à évaluer la relation objectivement.

Pourquoi est-il si difficile de reconnaître le love bombing ?

Le début de la relation est tellement euphorique que la victime ne veut pas croire qu'il pourrait y avoir manipulation.
L'alternance entre amour et rejet crée une quête permanente de validation, empêchant la prise de recul.
La personne love bomber peut paraître sincère, rendant difficile la remise en question.
L'isolement progressif empêche de consulter des avis extérieurs (amis, famille).

4.4. Comment réagir face au love bombing ?

- Prenez votre temps : Une relation saine se construit progressivement.

- Observez la cohérence des actions : Est-ce que les gestes suivent une logique naturelle ou sont-ils trop rapides ?

- Fixez des limites claires : Ne laissez pas quelqu'un envahir votre espace émotionnel et physique trop vite.

- Écoutez votre ressenti : Si quelque chose vous semble excessif ou oppressant, faites confiance à votre intuition.

- Demandez un avis extérieur : Parlez de la relation à des proches, ils peuvent voir ce que vous ne percevez pas.

<u>*Conclusion du chapitre :*</u>

Le love bombing peut sembler séduisant au premier abord, mais il s'agit d'une stratégie de manipulation visant à instaurer une dépendance affective.

Apprendre à identifier les signes, comprendre le cycle idéalisation-dévalorisation et poser des limites dès le début permet de préserver une autonomie émotionnelle et éviter une relation toxique.

Chapitre 5 : Conséquences Émotionnelles et Psychologiques

Aborder les effets du love bombing sur les victimes.

- Perte de confiance en soi : L'instabilité dans la relation fait douter la victime de sa propre valeur.

- Confusion mentale : Alternance entre amour et rejet qui désoriente et empêche une prise de recul.

- Anxiété et stress chronique : La peur du rejet et le besoin de retrouver l'affection initiale créent un état de stress constant.

- Isolement social et perte de repères : La victime peut cesser de consulter ses proches, ce qui renforce l'emprise du manipulateur.

- Troubles psychologiques : Dépression, stress post-traumatique et difficulté à reconstruire une relation équilibrée après la rupture.

Dans ce chapitre, nous explorons les effets profonds du love bombing sur la victime. Ce type de manipulation altère la perception de soi, engendre une dépendance affective et peut mener à des troubles émotionnels et psychologiques à long terme.

5.1. Impact sur l'estime de soi et l'autonomie

Le love bombing commence par une phase d'idolisation intense où la victime est placée sur un piédestal. Mais lorsque le manipulateur change subitement de comportement (phase de dévalorisation), la victime commence à douter de sa valeur.

Érosion progressive de l'estime de soi

- À force d'être idéalisée, la victime s'habitue à une validation externe pour renforcer sa confiance.

- Lorsqu'elle est soudainement ignorée ou critiquée, elle se remet en question et cherche à regagner cette validation.
- Elle peut en venir à modifier son comportement, pensant qu'elle est la cause du changement d'attitude du love bomber.

<u>Perte de l'autonomie émotionnelle</u>

- La victime se définit à travers la relation, ce qui crée une forme de dépendance affective.

- Elle réduit ses activités personnelles pour se consacrer entièrement à la relation.
- Elle peut perdre son identité propre, cherchant uniquement à plaire à l'autre pour ne pas ressentir l'abandon.

- Exemple concret : Une personne qui était autrefois

indépendante et confiante peut devenir anxieuse lorsqu'elle ne reçoit plus d'attention constante de son partenaire.

5.2. Isolement social et perte de repères

L'un des effets les plus insidieux du love bombing est son impact sur les relations sociales et familiales de la victime.

L'isolement progressif

– Le love bomber cherche à être la seule source d'affection et peut encourager subtilement l'éloignement des proches.

- Il peut suggérer des phrases comme "Ils ne te comprennent pas comme moi", "On a besoin de notre bulle, juste nous deux".

- À force de passer tout son temps avec le love bomber, la victime s'éloigne de son entourage et perd les avis extérieurs qui pourraient l'aider à prendre du recul.

Sentiment de solitude

- Après une phase d'intense connexion, la victime peut se sentir très seule lorsque le love bomber commence à se distancer.

- Ce sentiment d'abandon peut renforcer son attachement et l'inciter à faire tout son possible pour récupérer l'attention perdue.

– Elle n'ose plus demander de l'aide, car elle craint d'être jugée ou ne veut pas admettre qu'elle est dans une relation toxique.

Exemple concret : Une personne qui avait un cercle social actif peut voir ses amitiés se détériorer parce qu'elle n'a plus le temps ou l'énergie pour entretenir ces liens.

5.3. Confusion émotionnelle et dépendance affective

Le love bombing joue sur un mécanisme de renforcement intermittent : une alternance entre amour excessif et rejet, ce qui perturbe le système émotionnel de la victime.

<u>Une perte de repères émotionnels</u>

- La victime ne sait plus comment interpréter les changements de comportement de son partenaire.

- Elle passe de moments de bonheur intense à des phases de stress et d'anxiété.

- Elle peut justifier les comportements négatifs du love bomber et minimiser les signaux d'alerte.

Un état de dépendance psychologique

- Elle se sent en sécurité et valorisée uniquement dans les phases d'amour intense.

- Lorsqu'elle ne reçoit plus d'attention, elle ressent un manque et un besoin viscéral de récupérer cette affection.

- La relation devient une source d'angoisse permanente, avec une peur constante de perdre l'amour du manipulateur.

Exemple concret : La victime devient anxieuse lorsqu'elle ne reçoit plus de messages à une fréquence habituelle et commence à adapter son comportement pour plaire à l'autre.

5.4. Troubles psychologiques et stress chronique

À long terme, le love bombing peut entraîner des troubles psychologiques sérieux, car il déséquilibre la stabilité émotionnelle.

Stress et anxiété

- La victime vit sous pression constante, oscillant entre euphorie et crainte de l'abandon.

- Son cerveau est conditionné à chercher du réconfort dans la validation du love bomber.

- Elle peut ressentir de la panique à l'idée que la relation ne soit plus aussi intense.

<u>Dépression et perte de confiance</u>

- La perte soudaine de l'affection peut entraîner un sentiment de vide.

- La victime peut s'en vouloir et penser qu'elle n'est pas digne d'amour.

- Son estime de soi est réduite et elle n'ose plus entrer dans une nouvelle relation, de peur de revivre ce schéma.

Stress post-traumatique

Dans les cas extrêmes, la victime peut développer des réactions émotionnelles à long terme.

- Elle peut être hypervigilante dans ses futures relations et interpréter des gestes sincères comme des manipulations potentielles.

- Elle peut avoir du mal à faire confiance et à s'ouvrir à d'autres personnes.

- Elle garde une peur irrationnelle du rejet, même après avoir quitté la relation.

Exemple concret : Une victime de love bombing peut se sentir paralysée à l'idée d'être vulnérable dans une future relation.

<u>*Conclusion du chapitre :*</u>

Les effets du love bombing ne se limitent pas à une période de manipulation. Ils peuvent laisser des séquelles psychologiques profondes, rendant la reconstruction difficile après une relation toxique.

Dans le prochain chapitre, nous aborderons les stratégies pour se protéger du love bombing et retrouver son équilibre émotionnel.

Chapitre 6 : Stratégies pour se Protéger

Présenter des solutions pour éviter de tomber dans le piège du love bombing.

- Prendre son temps : Une relation saine se construit progressivement et sans précipitation.

- Poser des limites claires : Exprimer ses attentes et ne pas céder face aux pressions pour accélérer la relation.

- Observer la cohérence des comportements : Les déclarations doivent être alignées avec les actions et le temps passé ensemble.

- Maintenir son autonomie : Conserver ses passions, ses amis et son espace personnel.

– Demander un avis extérieur : Parler à un proche ou à un professionnel pour obtenir une perspective objective.

Une fois que l'on reconnaît les signes du love bombing, il est essentiel de mettre en place des stratégies pour éviter de tomber dans une relation toxique. Ce chapitre fournit des outils pratiques pour garder une autonomie émotionnelle, poser des limites saines et construire des relations équilibrées.

6.1. Identifier et poser des limites dès le début

L'un des moyens les plus efficaces de se protéger du love bombing est de ne pas se laisser emporter par l'intensité d'une nouvelle relation.

Comment poser des limites dès les premiers échanges ?

Prenez votre temps : Ne précipitez pas l'engagement, laissez la relation évoluer naturellement.

Observez les actions : Les paroles doivent être suivies d'actes cohérents.

Exigez un respect mutuel : Si quelqu'un envahit votre espace personnel trop rapidement, dites-le clairement.

Soyez attentif(ve) aux signaux d'alerte : Trop d'intensité, trop de promesses, trop d'idéalisation dès le début peuvent être des indicateurs de manipulation.

Exemple concret : Si une personne insiste pour vous voir tous les jours et que cela vous semble excessif, exprimez vos besoins et gardez du temps pour vous.

6.2. Renforcer son indépendance et garder ses repères

Le love bomber cherche souvent à rendre la victime dépendante en lui donnant un sentiment d'exclusivité. Pour éviter cela, il est crucial de préserver son équilibre personnel.

Garder un espace personnel

Continuez vos activités personnelles : Ne laissez pas la

relation prendre toute votre énergie.

Gardez du temps pour vos amis et votre famille : Ils peuvent vous donner un avis extérieur.

Écoutez vos besoins émotionnels : Vous n'avez pas à répondre immédiatement à toutes les sollicitations.

Exemple concret : Si vous commencez à annuler vos sorties avec vos amis pour ne voir qu'une seule personne, interrogez-vous sur l'évolution de la relation.

6.3. Observer la cohérence des comportements

Les gestes et paroles du love bomber peuvent sembler sincères, mais sont-ils cohérents avec le rythme naturel d'une relation saine ?

Évaluer la progression de la relation

Si une personne parle d'amour éternel dès la première semaine, interrogez-vous.

Un vrai engagement prend du temps, il ne se fait pas sous pression ou précipitation.

Assurez-vous que l'autre personne respecte votre rythme et ne vous impose pas ses propres attentes.

Exemple concret : Une personne vous offre des cadeaux extravagants alors que vous venez à peine de vous rencontrer. Est-ce un geste sincère ou une tentative de vous lier rapidement à elle ?

6.4. Faire confiance à son intuition

Souvent, quelque chose semble "trop beau pour être vrai", mais la victime ignore son instinct par peur de perdre l'affection reçue.

Écouter son ressenti

Si vous vous sentez submergé(e) par l'intensité de la relation, prenez du recul.

Si vous ressentez une pression pour répondre vite ou être disponible à tout moment, interrogez-vous.

Le véritable amour respecte l'espace et l'autonomie de chacun.

Exemple concret : Vous sentez un malaise en voyant que la personne devient possessive trop vite, mais vous hésitez à en parler. Écoutez cette intuition et mettez des limites.

6.5. Demander conseil et s'appuyer sur des avis extérieurs

Le love bombing isole souvent la victime, il est donc important d'avoir un avis extérieur sur la relation.

Pourquoi solliciter des proches ?

Vos amis et votre famille peuvent voir ce que vous ne percevez pas sous l'effet de l'idéalisation.

Parler à un professionnel peut aider à mieux comprendre si la relation est toxique.

Comparer la relation à d'autres expériences permet d'avoir un point de vue plus objectif.

Exemple concret : Vous demandez à un(e) ami(e) ce qu'il/elle pense de votre relation, et il/elle remarque que vous avez changé vos habitudes trop vite.

6.6. Apprendre à dire non et tester la réaction du love bomber

Un manipulateur ne supporte pas les limites et peut réagir négativement si vous affirmez votre indépendance.

Comment tester la réaction ?

Dites "non" à une demande excessive et observez la réaction.

Une personne saine respectera votre choix, tandis qu'un love bomber peut insister, culpabiliser ou vous faire sentir mal.

Ne cédez pas sous pression, un amour sincère se construit sans manipulation.

Exemple concret : Vous dites que vous avez besoin de temps seul(e), et l'autre personne réagit avec colère ou culpabilisation ? C'est un signal d'alerte.

<u>*Conclusion du chapitre :*</u>

Se protéger du love bombing, c'est rester maître de son rythme émotionnel, identifier les signaux d'alerte et préserver son autonomie.

Apprendre à dire non, écouter son instinct et s'appuyer sur un cercle de soutien permet d'éviter une relation où la manipulation prend le dessus sur l'amour sincère.

Chapitre 7 : Témoignages et Études de Cas

Illustrer le love bombing à travers des expériences réelles.

- Récits de victimes : Histoires personnelles mettant en lumière les étapes d'une relation marquée par le love bombing.

- Analyse psychologique : Comment les victimes ont été conditionnées et les stratégies qu'elles ont utilisées pour se libérer.

- Conséquences à long terme : Impact sur l'estime de soi et les difficultés à reconstruire une vie affective après une expérience de manipulation.

- Facteurs aggravants : Profils psychologiques plus vulnérables à cette forme de manipulation.

- L'après-love bombing : Comment récupérer et retrouver une autonomie émotionnelle.

Ce chapitre plonge dans des récits de personnes ayant vécu le love bombing, afin d'illustrer concrètement les étapes et les conséquences de cette manipulation. Ces histoires permettent de mieux comprendre comment la dépendance affective s'installe, et comment certaines victimes ont réussi à s'en libérer.

7.1. Récits personnels et témoignages anonymisés

Les témoignages sont essentiels pour comprendre l'impact émotionnel réel du love bombing.

- Témoignage 1 : Le rêve devenu cauchemar

Alice, 29 ans : "Tout était parfait au début. Il me disait que j'étais la femme de sa vie dès la première semaine. Il voulait tout partager avec moi et m'inondait de messages jour et nuit. Mais après trois mois, il a changé. Moins de messages, des remarques blessantes, et cette sensation de marcher sur des œufs... Quand j'essayais de comprendre, il me faisait culpabiliser : 'Tu es trop exigeante'. J'ai perdu toute confiance en moi avant de réaliser que ce n'était pas moi le problème."

Leçon : Le changement soudain de comportement est un signal d'alerte. Si une personne passe de l'adoration à l'indifférence, c'est souvent une tentative de manipulation.

- **Témoignage 2 : L'isolement progressif**

Marc, 35 ans : "Elle m'a fait croire qu'elle était la seule personne dont j'avais besoin. À force, j'ai arrêté de voir mes amis. Si je voulais sortir, elle se vexait et me faisait sentir coupable. Je me suis retrouvé seul, dépendant de son affection. Quand elle s'est éloignée, j'ai paniqué... J'ai compris alors que je ne contrôlais plus rien."

Leçon : Un amour sain vous laisse votre espace et respecte vos autres relations. Un partenaire qui vous pousse à vous éloigner de votre entourage cherche à vous isoler.

- Témoignage 3 : La prise de conscience et la reconstruction

Sophie, 27 ans : "Après ma rupture avec un love bomber, je ne comprenais pas ce qui s'était passé. J'étais épuisée, anxieuse, et je ne me reconnaissais plus. J'ai commencé à en parler autour de moi et j'ai réalisé que je n'étais pas seule. Lire des témoignages m'a aidée à voir les schémas. Petit à petit, j'ai repris confiance et j'ai appris à poser des limites."

Leçon : La prise de conscience est la clé. Se renseigner, parler à ses proches et retrouver son indépendance permet de se reconstruire.

<u>7.2. Analyse de cas concrets</u>

Étude de cas : Comment un love bomber manipule la perception de la victime

<u>Phase 1 : Séduction et idéalisation</u>

Le love bomber crée une illusion d'amour parfait, inondant la victime d'attention.

Phase 2 : Dépendance émotionnelle

La victime s'habitue à cette affection et commence à baser son bonheur sur la relation.

Phase 3 : Dévalorisation et contrôle

Le manipulateur devient plus distant ou critique, laissant la victime dans l'incertitude et en quête de validation.

Phase 4 : Isolement et confusion

La victime s'éloigne de ses repères et accepte des comportements toxiques qu'elle n'aurait jamais tolérés auparavant.

Étude de cas : Comment sortir du cycle du love bombing

Reprendre du recul : Se détacher émotionnellement, observer le comportement de l'autre.

Se reconnecter à son entourage : Retrouver un soutien extérieur, parler à ses proches.

Comprendre que ce n'était pas de l'amour : Reconnaître les manipulations et changer son regard sur la relation.

Reprendre confiance en soi: Travailler sur son estime personnelle pour ne pas retomber dans un schéma toxique.

Exemple concret : Une victime qui coupe tout contact et travaille sur sa reconstruction émotionnelle peut se libérer progressivement de l'influence du love bomber.

<u>*Conclusion du chapitre :*</u>

Les témoignages et études de cas montrent que le love bombing suit un schéma bien précis, et que la victime peut s'en libérer avec du recul et du soutien.

Dans le prochain chapitre, nous explorerons les clés d'une relation saine, afin d'éviter de reproduire ces schémas et de construire des liens authentiques et équilibrés.

Chapitre 8 : Vers des Relations Authentiques et Équilibrées

Se concentrer sur la construction d'une relation saine et libre de manipulation.

- L'amour véritable vs. le love bombing : Comment distinguer un attachement sincère d'une stratégie manipulatrice.

- Les bases d'une relation équilibrée : Respect, communication honnête et évolution progressive.

- Reconstruire après une relation toxique : Techniques pour regagner confiance en soi et s'affranchir des schémas de dépendance affective.

- Apprendre à identifier les signaux d'alerte : Comment éviter de tomber à nouveau dans une relation de manipulation.

– Cultiver l'indépendance émotionnelle : Développer des ressources personnelles pour ne pas baser son bien-être sur une relation unique.

Après avoir exploré les dangers du love bombing et ses conséquences émotionnelles, ce dernier chapitre se concentre sur la reconstruction et les clés pour bâtir des relations saines et équilibrées.

L'objectif est d'apprendre à reconnaître un amour authentique, basé sur le respect mutuel, l'autonomie et la sincérité, afin d'éviter de retomber dans un schéma toxique.

8.1. Construire la confiance et instaurer le respect mutuel

Les bases d'une relation saine

Le respect des limites personnelles : Un partenaire qui respecte votre espace et vos besoins émotionnels.

Une communication ouverte et honnête : Pouvoir exprimer ses ressentis sans peur du jugement.

Une évolution naturelle et progressive : Un amour sincère se construit avec le temps, pas sous pression.

Une indépendance émotionnelle : Ne pas dépendre uniquement de l'autre pour son bonheur.

Exemple concret : Une personne qui accepte que vous ayez des journées où vous préférez être seul(e), sans vous culpabiliser.

8.2. Reprendre confiance en soi après une relation toxique

Sortir d'un love bombing laisse souvent des séquelles émotionnelles. La reconstruction implique de retrouver son identité et de renforcer son estime de soi.

<u>Étapes pour retrouver une confiance solide</u>

Prendre du recul : Comprendre que la manipulation ne reflétait pas votre valeur personnelle.

Revaloriser ses besoins et désirs : Se reconnecter à ses propres aspirations.

Pratiquer l'affirmation de soi : Apprendre à poser des limites sans culpabilité.

Travailler sur son indépendance émotionnelle : Ne pas chercher la validation externe pour se sentir bien.

Exemple concret : Prendre du temps pour soi, renouer avec ses activités préférées et retrouver ses relations sociales mises de côté.

8.3. Apprendre à repérer les relations saines

Après avoir vécu une manipulation affective, il peut être difficile de faire confiance à nouveau. Pourtant, il est possible d'apprendre à reconnaître les relations équilibrées.

Comment identifier une relation saine ?

Les sentiments évoluent sans brusquerie : Pas d'intensité excessive ou soudaine.

Un respect mutuel des émotions : Chacun peut exprimer ses doutes sans être jugé.

Pas d'isolement social : Le partenaire encourage à garder ses amis et sa famille.

Pas de dépendance émotionnelle : Chacun est bien dans son individualité et l'amour est un bonus, pas un besoin vital.

Exemple concret : Une relation où chacun garde ses passions et son autonomie, sans que cela soit perçu comme une menace.

8.4. Les clés d'une relation saine et durable

Si le love bombing pousse à une dépendance rapide, une relation équilibrée respecte le temps et l'évolution naturelle des sentiments.

Les principes à appliquer

Donner sans attentes excessives : Les gestes d'amour sont sincères et non conditionnés à un retour immédiat.

Accepter les imperfections : Un amour réel ne repose pas sur l'idéalisation, mais sur l'acceptation mutuelle.

Favoriser l'autonomie: Chaque personne doit être bien avec elle-même pour être bien en couple.

Construire sur une base de confiance : La relation repose sur une transparence et un respect profond.

Exemple concret : Dans une relation saine, un partenaire n'a pas besoin de surenchère émotionnelle pour prouver son amour.

<u>*Conclusion du chapitre :*</u>

Bâtir une relation authentique implique de comprendre ce qu'est un amour sain, de poser des limites claires, et de valoriser la confiance mutuelle et l'autonomie.

En prenant du recul sur ses expériences passées et en apprenant à s'écouter, il devient possible d'éviter les pièges du love bombing et de construire des liens sincères et durables.

Chapitre 9 : Le Love Bomber Aime-t-il Réellement ?

L'une des questions les plus troublantes concernant le love bombing est de savoir si la personne qui le pratique ressent un amour sincère ou si elle manipule délibérément son partenaire. Ce chapitre explore les motivations profondes du love bomber et tente de répondre à cette interrogation complexe.

9.1. L'amour sincère ou une illusion ?

Le love bombing ressemble à une démonstration d'amour intense, mais il repose sur une dynamique de contrôle et de dépendance.

Pourquoi cela semble être de l'amour ?

La personne exprime des sentiments forts et immédiats, donnant l'impression d'une connexion profonde.

Elle fait des promesses d'avenir, parle de mariage, d'âme sœur, de destin.

Elle multiplie les gestes affectifs, les cadeaux et les attentions.

Mais ces démonstrations ne sont pas toujours le reflet d'un amour authentique. Elles peuvent être un moyen de créer une emprise émotionnelle.

Exemple concret : Une personne qui vous dit "Je t'aime plus que tout" après quelques jours, sans réellement vous connaître, peut être dans une démarche de manipulation plutôt que d'amour sincère.

9.2. Les motivations du love bomber

Le love bomber ne cherche pas toujours à aimer, mais plutôt à se rassurer ou à contrôler.

Les raisons derrière ce comportement

Besoin de validation : Il veut être adoré et admiré pour renforcer son ego.

Peur de l'abandon : Il crée une dépendance affective pour éviter d'être quitté.

Contrôle et manipulation : Il veut garder l'ascendant sur son partenaire.

Troubles narcissiques : Il ne conçoit pas l'amour comme un échange, mais comme un moyen de renforcer son pouvoir.

Exemple concret : Une personne qui vous couvre d'amour puis devient distante ou critique cherche à vous rendre dépendant(e) plutôt qu'à construire une relation équilibrée.

9.3. Peut-il croire qu'il aime sincèrement ?

Certains love bombers ne sont pas conscients de leur manipulation. Ils pensent réellement aimer, mais leur vision de l'amour est déformée.

Pourquoi certains croient aimer ?

Ils associent l'intensité émotionnelle à l'amour, sans comprendre qu'un amour sain évolue progressivement.

Ils ont grandi avec des schémas affectifs instables, et reproduisent ce qu'ils ont connu.

Ils confondent possession et amour, pensant que l'autre doit leur appartenir totalement.

Exemple concret : Une personne qui vous dit "Je ne peux pas vivre sans toi" peut croire qu'elle aime, mais en réalité, elle exprime une dépendance émotionnelle.

9.4. Différence entre amour sincère et love bombing

| Critères | Love Bombing | Amour sincère |Rythme de la relation | Très rapide, engagement précipité | Progression naturelle et mutuelle | Compliments et affection | Excessifs et souvent généralisés | Sincères et adaptés au moment | Équilibre du couple | Dépendance affective et besoin de validation | Respect mutuel et autonomie | Gestion des conflits | Retrait brutal ou critique soudaine |

Communication ouverte et constructive | Contact et échanges | Présence constante, peu d'espace personnel | Moments de partage équilibrés |

Exemple concret : Un amour sincère laisse du temps à l'autre, respecte son espace et évolue sans pression.

<u>*Conclusion du chapitre :*</u>

Le love bomber ne ressent pas toujours un amour authentique, mais plutôt un besoin de validation, de contrôle ou de dépendance.

Même s'il pense aimer, son comportement repose sur une illusion d'intensité qui masque une dynamique toxique.

Reconnaître ces schémas permet d'éviter de confondre manipulation et amour sincère, et de construire des relations équilibrées et respectueuses.

Il peut être difficile de distinguer un véritable coup de foudre d'un love bombing, car les deux impliquent une intensité émotionnelle forte dès le début d'une relation. Pourtant, il existe des différences clés qui permettent de ne pas tomber dans le piège de la manipulation.

1. Le rythme et l'évolution de la relation

- Coup de foudre : L'attirance est immédiate, mais la relation évolue naturellement, sans précipitation forcée.

- Love bombing : La personne accélère l'engagement, parle d'avenir très tôt et pousse à une fusion rapide.

2. La sincérité des gestes et des paroles

- Coup de foudre : Les compliments et les attentions sont sincères et adaptés à la situation.
- Love bombing : Les déclarations sont excessives et généralisées ("Tu es la meilleure personne que j'ai jamais rencontrée"), sans réelle connaissance de l'autre.

<u>3. Le respect de l'espace personnel</u>

- Coup de foudre : Chacun garde son indépendance et ses relations sociales.

- Love bombing : La personne cherche à monopoliser votre temps, vous éloigner de vos proches et créer une dépendance affective.

4. La gestion des conflits et des émotions

- Coup de foudre : Les émotions sont fortes, mais la relation reste équilibrée et évolue avec respect.

- Love bombing : Après une phase d'idéalisation, la personne peut devenir critique, distante ou manipulatrice, créant une confusion émotionnelle.

<u>Comment éviter de confondre les deux ?</u>

- Prenez du recul : Ne vous laissez pas emporter trop vite par l'intensité.

- Observez la cohérence des actions : Les paroles doivent être suivies d'actes sincères.

- Posez des limites : Un amour sain respecte votre rythme et votre espace personnel.

– Écoutez votre intuition : Si quelque chose semble trop beau pour être vrai, prenez le temps d'analyser la situation.

*Deux personnes qui pratiquent le love bombing peuvent avoir une relation intense, mais pas nécessairement saine ou durable. Le love bombing repose sur une manipulation émotionnelle, où une personne inonde l'autre d'affection, de compliments et d'attention excessive pour la captiver.

Si les deux partenaires adoptent ce comportement, la relation pourrait être pleine de passion et d'exaltation au début, mais risquerait de manquer de profondeur et de sincérité sur le long terme.

Une connexion véritable se construit sur la confiance, l'authenticité et le respect mutuel, ce qui va au-delà des démonstrations excessives d'affection.*

<u>*Conclusion :*</u>

<u>*Comprendre et Se Protéger du Love Bombing*</u>

Le love bombing, malgré son apparence séduisante, n'est pas une démonstration d'amour sincère, mais une stratégie visant à créer une dépendance émotionnelle et à exercer un contrôle. Ce livre a exploré les signaux d'alerte, les mécanismes psychologiques, les motivations du love bomber, ainsi que les conséquences émotionnelles et les stratégies pour se protéger.

La clé pour éviter une relation toxique repose sur :

Reconnaître les signes précoces, comme les démonstrations excessives d'affection et les engagements précipités.

Préserver son autonomie émotionnelle, en maintenant ses relations sociales et en prenant le temps de réfléchir avant de s'engager.

Apprendre à poser des limites, et ne pas céder face à la pression ou aux attentes irréalistes.

Faire confiance à son intuition, qui peut souvent détecter qu'une relation est trop intense pour être naturelle.

S'appuyer sur un cercle de soutien, en demandant l'avis de proches ou en consultant des professionnels.

Se reconstruire après une relation marquée par le love bombing demande du temps, de l'introspection et un travail sur l'estime de soi. Mais il est possible de sortir plus fort et d'apprendre à reconnaître un amour véritable, celui qui se construit dans le respect mutuel, la sincérité et la liberté.

L'amour est un feu qui réchauffe ou qui brûle et parfois, il éblouit trop fort pour qu'on distingue sa véritable nature.
Que ce livre t'apporte clarté et force pour discerner l'authenticité des sentiments et te guider vers un amour sincère et lumineux.

Avec toute mon affection,